Sibirische/Blaue Schwertlilie

Wissenschaftlicher Name: *Iris sibirica*
Familie: Schwertliliengewächse
Aussehen: Bis 1 m hohe, in dichten Büschen oder Rasen wachsende Pflanze. Blätter grasartig, 2–5 cm breit, die grundständigen kürzer als der Stengel; dieser ist rund, mit 1–3 Blüten in den Achseln von Hochblättern. Blüten hell oder dunkler blauviolett; äußere Blütenblätter nach unten gerichtet, ohne Bart, nach innen zu heller mit dunkler Aderung, innere Blütenblätter aufrecht, etwas dunkler als die äußeren. Frucht eine bis 5 cm lange Kapsel.
Blütezeit: V–VII
Standort: Streuwiesen, Sumpfwiesen, Verlandungsgebiete.
Verbreitung: Fast ganz Europa, nördlich bis Südschweden, südlich bis Mittelitalien; Asien bis Japan; stellenweise sehr selten oder fehlend.

Gemeine Küchenschelle

Wissenschaftlicher Name: *Pulsatilla vulgaris*
Familie: Hahnenfußgewächse
Aussehen: Blühend bis 15 cm, fruchtend bis 40 cm hohe, behaarte Pflanze. Grundblätter nach der Blüte erscheinend, anfangs dicht seidig behaart, später fast kahl, mehrfach gefiedert; Abschnitte schmal, spitz. Stengel einblütig mit einem Quirl stark zerteilter Blätter. Blüten bis 5 cm lang, 6 Kronblätter, zuerst glockenförmig genähert, später ausgebreitet, violett, außen zottig behaart; zahlreiche Staubblätter. Früchte mit bis 5 cm langem, behaartem Griffel.
Blütezeit: III–V
Standort: Trockene Rasen; meist auf Kalk.
Verbreitung: Von England und Frankreich bis Schweden und Ukraine; in Deutschland bis Südbayern.
Wichtig: Die Küchenschelle ist giftig!

Wiesen-Storchschnabel

Wissenschaftlicher Name: *Geranium pratense*
Familie: Storchschnabelgewächse
Aussehen: Bis 1 m hohe Pflanze mit borstenhaarigem, oben drüsigem, gabelig verzweigtem Stengel. Grundblätter und unterste Stengelblätter langgestielt, fünfteilig, rauhhaarig; Blattlappen tief fiederspaltig, gezähnt. Stengelblätter gegenständig, klein. Blüten paarweise in den Achseln von 4 schmalen Tragblättern; Blütenblätter bis 2 cm lang, verkehrteiförmig, violettblau mit dunkleren Adern, ausgebreitet. Frucht bis 3 cm lang, drüsenhaarig, bei der Reife in 5 einsamige Teilfrüchte zerfallend.
Blütezeit: VI–VIII
Standort: Feuchte Mähwiesen, auch Bachufer, Auwälder.
Verbreitung: Von den Pyrenäen bis Japan; in Mitteleuropa stellenweise selten oder fehlend.

Gefranster Enzian

Wissenschaftlicher Name: *Gentiana ciliata*
Familie: Enziangewächse
Aussehen: Bis 30 cm hohe, kahle Pflanze mit aufrechtem, gelegentlich spärlich verzweigtem Stengel. Stengel 4kantig, aufsteigend, am Grund gebogen, wenigblättrig. Grundblätter spatelförmig, einnervig, stumpf, nicht in Rosetten, Stengelblätter lanzettlich, spitz. Blüten 4zählig, einzeln am Ende des Stengels oder des Zweiges, bis 5 cm lang, mit blauer, bis zur Mitte gespaltener Krone; Kronblätter eiförmig, vorne gezähnt, zum Grund hin am Rand lang gefranst. Kelch bis halb so lang wie die Kronröhre, mit schmalen Kelchblättern und dazwischen weißer Verbindungshaut.
Blütezeit: VIII–XI
Standort: Trockene Rasen, Weiden, Waldränder, Lichtungen, Gebüsche; auf Kalk.
Verbreitung: Mittel- und Südeuropa; Kaukasus, Kleinasien.

Wiesen-Salbei

Wissenschaftlicher Name:
Salvia pratensis
Familie: Lippenblütler
Aussehen: Bis 1 m hohe, kurzhaarige und drüsige Pflanze. Stengel 4kantig. Grundblätter in Rosetten, länglich, langgestielt, unregelmäßig gekerbt oder gezähnt; wenige Stengelblätter, nach oben rasch kleiner werdend; Blüten in Scheinquirlen; Krone bis 3 cm, blauviolett, sichelförmig gebogen.
Blütezeit: V–VIII
Standort: Trockene Rasen, Mähwiesen, Wegränder.
Verbreitung: Süd- und Mitteleuropa, nördlich bis Norddeutschland und England.
Ähnliche Arten: Hain-Salbei *(S. nemorosa)*. Grundblätter zur Blütezeit vertrocknet; zahlreiche, gleichmäßig gezähnte Stengelblätter, weniger gebogen; Krone bis 15 mm lang; in Europa sehr zerstreut. Quirl-Salbei *(S. verticillata)*. Scheinquirle 15- bis 30blütig, Krone fast gerade, etwa 1 cm lang; an Ödplätzen und Wegrändern.

Große Braunelle

Wissenschaftlicher Name: *Prunella grandiflora*
Familie: Lippenblütler
Aussehen: Bis 40 cm hohe, spärlich behaarte Pflanze ohne Ausläufer. Blätter gestielt, eiförmig; Grundblätter in Rosetten. Stengel nur in der unteren Hälfte beblättert. Blüten blauviolett, 2,5–3 cm lang, in Scheinquirlen in den Achseln von Tragblättern, am Stengelende dicht gedrängt.
Blütezeit: VI–VIII
Standort: Trockene Rasen.
Verbreitung: Fast ganz Europa, nördlich bis Südschweden.
Ähnliche Art: Gemeine Braunelle *(P. vulgaris)*. Bis 40 cm hoch, spärlich behaart; Blüten bis 15 mm lang, blauviolett, am Ende des Stengels dicht gedrängt, bis 18 mm lang. Stengel bis oben beblättert, oberirdische Ausläufer vorhanden; überall in Europa auf Wiesen, Weiden, Parkrasen, auch in lichten Wäldern, fast weltweit verschleppt.

Heide-Günsel

Wissenschaftlicher Name: *Ajuga genevensis*
Familie: Lippenblütler
Aussehen: Bis 50 cm hohe, oft mehrstengelige, behaarte Pflanze ohne oberirdische Ausläufer. Grundblätter in Rosetten, verkehrteiförmig, kurzgestielt, grob gezähnt, Stengelblätter ähnlich, sitzend. Tragblätter der Blüten oft dunkelblau überlaufen. Blüten in Scheinquirlen, bis 2 cm lang, dunkelblau, seltener rosa oder weiß.
Blütezeit: IV–VII
Standort: Trockene Rasen, in wärmeren Lagen auch an Waldrändern.
Verbreitung: Mittel- und Osteuropa, stellenweise nur zerstreut.
Ähnliche Art: Kriechender Günsel *(A. reptans)*. Pflanze mit oberirdischen Ausläufern; Stengel unten kahl; Blätter fast ganzrandig; auf feuchten Wiesen, an Hecken, auf Schlagflächen und in Wäldern; über fast ganz Europa verbreitet.

Faden-Ehrenpreis

Wissenschaftlicher Name: *Veronica filiformis*
Familie: Braunwurzgewächse
Aussehen: Niederliegende, rasig wachsende, behaarte Pflanze. Stengel bis 50 cm, fadenartig dünn, an den Knoten wurzelnd. Blätter bis 15 mm lang, gestielt, rundlich, flach gesägt, an nichtblühenden Stengeln gegenständig, an blühenden wechselständig. Blüten einzeln in den Blattachseln, mit langen Stielen; Krone vierteilig, ausgebreitet, bis 15 mm breit, 3 Kronblätter blaßblau mit dunkleren Streifen, 1 Kronblatt meist weiß; nur 2 Staubblätter. Frucht eine 4–5 mm lange und ebenso breite Kapsel.
Blütezeit: V–X
Standort: Mähwiesen, Viehweiden, Parkrasen.
Verbreitung: Beheimatet im Kaukasus und in Nordanatolien; um die Jahrhundertwende als Zierpflanze eingeführt und weithin eingebürgert.

Gamander-Ehrenpreis

Wissenschaftlicher Name: *Veronica chamaedrys*
Familie: Braunwurzgewächse
Aussehen: Bis 40 cm hohe, oft rasig wachsende Pflanze. Stengel meist unverzweigt, zweireihig behaart, mit einem Blattschopf endend. Blätter eiförmig, grob gekerbt-gesägt, bis 3,5 cm lang, kurzgestielt, zerstreut behaart oder fast kahl. Blüten in lokkeren, reichblütigen, langgestielten Trauben in den Achseln der oberen Stengelblätter; Krone ausgebreitet, 4lappig, bis 15 mm breit, leuchtend blau mit dunkleren Adern. Kelch vierteilig, wie die Blütenstiele zerstreut behaart. Nur 2 Staubblätter. Frucht dreieckig-herzförmig, gegen den Stiel hin verschmälert.
Blütezeit: V–VIII
Standort: Wiesen, auch Gebüsche, Wald- und Wegränder.
Verbreitung: Fast ganz Europa mit Ausnahme vieler Inseln und der Arktis; Nord- und Westasien.

Wiesen-Glockenblume

Wissenschaftlicher Name: *Campanula patula*
Familie: Glockenblumengewächse
Aussehen: Bis 70 cm hohe Pflanze. Stengel aufrecht, oben meist verzweigt. Grundblätter verkehrteiförmig, in den Stiel verschmälert, Stengelblätter schmallanzettlich, sitzend. Blüten in einer lockeren Doldentraube; trichterförmige Krone weit, bis 3 cm lang, blauviolett, bis zur Mitte gespalten; Kelchzipfel kürzer als die Kronröhre.
Blütezeit: V–VII

Standort: Mähwiesen, auch Wegränder, Gebüsche.
Verbreitung: Ganz Europa, im Nordwesten und Süden nur stellenweise.
Ähnliche Art: Rundblättrige Glockenblume *(C. rotundifolia)*. Blüten glockig, rein blau, Grundblätter herzförmig, gestielt; in trockenen Rasen, mageren Wiesen und an Waldrändern; außer im mediterranen Süden fast in ganz Europa.

Knäuel-Glockenblume

Wissenschaftlicher Name: *Campanula glomerata*
Familie: Glockenblumengewächse
Aussehen: Bis 80 cm hohe Pflanze. Grundblätter und untere Stengelblätter breitlanzettlich bis elliptisch, gekerbt, langgestielt, obere Stengelblätter kleiner, sitzend. Blüten in dichtem Knäuel am Stengelende oder in mehreren Büscheln in der oberen Stengelhälfte; Krone bis 4 cm, blauviolett.
Blütezeit: IV–IX
Standort: Trockene Rasen, trockene Mähwiesen, auch Waldwiesen, Waldränder.
Verbreitung: Fast ganz Europa, nördlich bis Südschweden, südlich bis Mittelitalien.
Ähnliche Art: Borstige Glokkenblume *(C. cervicaria)*. In den Blattstiel verschmälerte untere Blätter, diese wie auch der Stengel mit steifen Borsten; auf feuchten Wiesen; in Europa und Asien; allerdings fast überall selten, bei uns vom Aussterben bedroht.

Trollblume

Wissenschaftlicher Name: *Trollius europaeus*
Familie: Hahnenfuß-gewächse
Aussehen: Bis 70 cm hohe Pflanze mit oft mehreren kahlen, meist unverzweigten Stengeln. Grundblätter gestielt, handförmig geteilt, mit 5 gesägten bis fiederschnittigen Abschnitten, oberseits dunkelgrün, unterseits heller; Stengelblätter sitzend, 3zählig. Blüten hell- bis goldgelb, bis 3 cm breit, mit bis 15 kugelig zusammenneigenden Blütenblättern; zahlreiche Nektar- und Staubblätter; Früchte bis 15 mm lang, geschnäbelt.
Blütezeit: V–VI
Standort: Feuchte Wiesen, Gebüsche, Hochstaudenfluren.
Verbreitung: Fast ganz Europa (im Süden nur in den Gebirgen, fehlt im nordwestdeutschen Flachland); Asien, Nordamerika.
Wichtig: Die Pflanze ist giftig!

Scharfer Hahnenfuß

Wissenschaftlicher Name: *Ranunculus acris*
Familie: Hahnenfußgewächse
Aussehen: Bis 1 m hohe, ausdauernde Pflanze mit anliegend behaartem bis kahlem, oft stark verzweigtem Stengel. Grundblätter langgestielt, fünf- bis siebenteilig mit 3spaltigen, gezähnten oder nochmals tief zerteilten Abschnitten, deren Zipfel sich überdecken; untere Stengelblätter ähnlich, aber weniger zerteilt, kürzergestielt, obere mit wenigen lanzettlichen Abschnitten; Blütenstiele ohne Furchen. Blüten bis 3 cm breit, glänzend gelb, Kelchblätter aufrecht, den Kronblättern anliegend; Früchte bis 3 mm lang, rund, flach, mit deutlichem Rand und kurzem, kaum gebogenem Schnabel.
Blütezeit: V–IX
Standort: Wiesen.
Verbreitung: Ganz Europa; Asien, Nordafrika, Nordamerika, Grönland.
Wichtig: Der Scharfe Hahnenfuß ist giftig!

Sumpfdotterblume

Wissenschaftlicher Name: *Caltha palustris*
Familie: Hahnenfußgewächse
Aussehen: Bis 50 cm hohe, kahle Pflanze. Stengel niederliegend bis bogig aufsteigend oder aufrecht, hohl, im oberen Teil verzweigt. Grundblätter langgestielt, bis 15 cm breit, breit herzförmig, vorne stumpf, am Rand gekerbt oder gezähnt, fettig glänzend; Stengelblätter ähnlich, nach oben kleiner, kürzergestielt bis sitzend. Blüten bis 5 cm breit, einzeln an den Enden der Seitenäste mit 5 breitovalen, dottergelben, glänzenden Blütenblättern. Staubblätter zahlreich. Früchte 3–8, bis 2,5 cm lang, sternförmig ausgebreitet, länglich mit schnabelartigem Griffel.
Blütezeit: III–IV
Standort: Bachufer, nasse Wiesen, Auwälder.
Verbreitung: Ganz Europa; Nordasien, Nordamerika.

Rötliches Fingerkraut

Wissenschaftlicher Name: *Potentilla heptaphylla*
Familie: Rosengewächse
Aussehen: Bis 20 cm hohe, abstehend behaarte, grauschimmernde, locker wachsende Pflanze. Grundblätter 5- bis 7zählig gefingert, langgestielt, mit verkehrteiförmigen, etwas gestutzten, gezähnten Blättchen; Nebenblätter lanzettlich; Stengelblätter nach oben rasch kleiner werdend, weniger zerteilt. Blütenstand oft reichblütig, locker; Blüten 5zählig, bis 1 cm breit, Kronblätter gelb; Kelchblätter und Außenkelchblätter schmaleiförmig.
Blütezeit: IV–VI
Standort: Trockene Rasen, lichte Gebüsche und Wälder; besonders auf Kalk.
Verbreitung: Mitteleuropa, nördlich bis Südschweden.
Ähnliche Art: Frühlings-Fingerkraut *(P. tabernaemontani)*. Nebenblätter linealisch, Wuchs rasig. Kommt auf dem ganzen europäischen Kontinent einschließlich der Britischen Inseln vor.

Wiesen-Platterbse

Wissenschaftlicher Name: *Lathyrus pratensis*
Familie: Schmetterlingsblütler
Aussehen: Bis 1 m hohe, meist kahle bis zerstreut behaarte Pflanze mit oft mehreren 4kantigen, kletternden Stengeln. Blätter mit bis 3 cm langem Blattstiel, 1 Paar Blättchen und verästelter oder einfacher Ranke; Blättchen bis 4 cm lang, lanzettlich, spitz, deutlich längsnervig. Nebenblätter groß, oft fast so lang wie die Blättchen. Blüten meist kräftig gelb, bis 2 cm lang, schwach duftend, in langgestielten, lockeren, 3–12blütigen Trauben. Kelchzähne ungleich lang. Frucht länglich, flach, bis 4 cm lang, schwärzlich, reif kahl.
Blütezeit: V–VIII
Standort: Wiesen, auch Gebüsche, Waldränder.
Verbreitung: Fast ganz Europa; Asien bis Sibirien, Japan, Himalaja; Nordafrika; in Nordamerika eingebürgert.

Hopfenklee

Wissenschaftlicher Name: *Medicago lupulina*
Familie: Schmetterlingsblütler
Aussehen: Bis 50 cm hohe, kahle bis anliegend behaarte Pflanze. Stengel niederliegend bis aufsteigend, verzweigt. Grundblätter zur Blütezeit fehlend. Stengelblätter 3zählig, das Endblättchen längergestielt als die seitlichen; Blättchen verkehrteiförmig, an der Spitze fein gezähnt, zumindest unterseits anliegend behaart; Nebenblätter ganzrandig. Blüten zahlreich, in kugeligen bis eiförmigen, 4–6 mm breiten Köpfen; Krone 2–3,5 mm lang, auch verblüht noch gelb, abfallend (Unterschied zu ähnlichen Klee-Arten). Früchte 3 mm lang, nierenförmig, reif schwarzbraun.
Blütezeit: V–X
Standort: Magerrasen, Mähwiesen, Wegränder, Schuttplätze.
Verbreitung: Fast ganz Europa; durch Anbau heute fast weltweit verschleppt.

Wundklee

Wissenschaftlicher Name: *Anthyllis vulneraria*
Familie: Schmetterlingsblütler
Aussehen: Bis 50 cm hohe Pflanze. Stengel unten anliegend oder abstehend, oben nur anliegend behaart, nicht verholzt. Grundblätter gestielt, einfach oder wenig gefiedert mit großen Endblättchen; Stengelblätter sitzend, meist stärker zerteilt; Blättchen länglich bis eiförmig, bis 10 mm lang, ganzrandig, fast sitzend, Blüten sitzend, meist in Köpfen mit breiten 3- bis 7spaltigen Tragblättern; Krone 10 bis 20 mm lang, hellgelb, goldgelb oder vorne rötlich. Kelch dicht behaart, etwas aufgeblasen, vorne gelegentlich rot.
Blütezeit: V–X
Standort: Felshänge, Magerwiesen, Wegränder, Straßenböschungen; besonders auf Kalkuntergrund.
Verbreitung: Ganz Europa, östlich bis zum Kaukasus und nach Vorderasien.

Hornklee

Wissenschaftlicher Name: *Lotus corniculatus*
Familie: Schmetterlingsblütler
Aussehen: Bis 40 cm hohe Pflanze. Stengel bogig aufsteigend oder aufrecht, meist fast kahl, seltener abstehend behaart. Blätter 5zählig; die 3 oberen Blättchen kurzgestielt, eiförmig bis lanzettlich, kahl, am Rand gewimpert oder beiderseits abstehend behaart, das untere Paar direkt am Stengel. Blüten bis 15 mm lang, in doldenähnlichen, langgestielten Köpfen, kräftig gelb, oft rötlich überlaufen; Kronblätter behalten ihre Farbe meist auch noch nach dem Verblühen. Krone etwa doppelt so lang wie der Kelch. Früchte bis 2 cm lang, rund, reif kastanienbraun.
Blütezeit: V–X
Standort: Trockene Rasen, Mähwiesen, Wegränder, Steinbrüche, auch lichte Wälder.
Verbreitung: Fast ganz Europa; Teile Asiens, Nord- und Ostafrika.

Wissenschaftlicher Name: *Hippocrepis comosa*
Familie: Schmetterlingsblütler
Aussehen: Bis 20 cm hohe, fast zwergstrauchig wachsende, zerstreut anliegend behaarte Pflanze. Stengel niederliegend-aufsteigend, am Grund verholzt, reich beblättert. Blätter fast nur am Stengel, einfach gefiedert, die unteren langgestielt; Blättchen verkehrteiförmig bis linealisch, ohne Knorpelrand. Blüten gelb, duftend, etwa 1 cm lang, nickend, in wenigblütigen Dolden auf bis 10 cm langen Stielen. Frucht aus hufeisenförmigen Abschnitten zusammengesetzt.
Blütezeit: V–X
Standort: Felshänge, trockene Rasen, Magerwiesen; meist auf Kalk.
Verbreitung: Ganz Europa, besonders im Süden und in den Alpenländern, im norddeutschen Flachland nur stellenweise.

Echtes Johanniskraut

Wissenschaftlicher Name: *Hypericum perforatum*
Familie: Johanniskrautgewächse
Aussehen: Bis 1 m hohe, kahle Pflanze mit aufrechtem, rundem, im oberen Teil verzweigtem und 2kantigem Stengel. Blätter eiförmig bis linealisch, mit zahlreichen, durchscheinenden Punkten. Blüten in einem doldenartigen Blütenstand, auf meist schwarzdrüsigen Stielen, 5zählig; Kelchblätter schmal, gelegentlich schwarz getupft, in eine feine Spitze ausgezogen; Blütenblätter gelb, gelegentlich schwarz gepunktet, bis 15 mm lang; Staubblätter zahlreich, in 5 Gruppen. 3–5 Griffel. Frucht mit unregelmäßigen Ölleisten.
Blütezeit: VI–IX
Standort: Felshänge, trockene Rasen, lichte Wälder.
Verbreitung: Ganz Europa mit Ausnahme des höchsten Nordens; Westasien, Nordafrika.

Zypressen-Wolfsmilch

Wissenschaftlicher Name: *Euphorbia cyparissias*
Familie: Wolfsmilchgewächse
Aussehen: Bis 50 cm hohe, mehrstengelige, kahle Pflanze; Stengel milchsafthaltig, mit bis 20 nichtblühenden, dicht beblätterten und bis 10 blütentragenden Seitenzweigen. Blätter wechselständig, linealisch, ganzrandig, bis 4 cm lang, bis 3 mm breit. Blüten sehr klein (zurückgebildet), in becherförmigen, mit sichelförmigen, gelben Drüsen besetzten Hüllen zusammengefaßt, die zusammen mit den gelben, später roten Hüllchenblättern als Blüten wirken, in Dolden mit gabelig verzweigten Doldenstrahlen. Frucht mit halbkugeligen Warzen besetzt.
Blütezeit: IV–VII
Standort: Trockene Rasen, Wegränder, lichte Wälder.
Verbreitung: Fast ganz Europa mit Ausnahme des äußersten Nordens und Südens, stellenweise selten oder fehlend.

Hohe Schlüsselblume

Wissenschaftlicher Name: *Primula elatior*
Familie: Primelgewächse
Aussehen: Bis 30 cm hohe, samtig behaarte Pflanze. Blätter grundständig, runzelig, länglich eiförmig, oberseits dunkelgrün, unterseits hellgrün, mit unregelmäßig gezähntem Rand, rasch in den geflügelten Stiel verschmälert. Blüten in einer langgestielten Dolde; Kelchzähne lanzettlich; Krone bis 2 cm breit, am Grund röhrenförmig, oben mit ausgebreiteten, hellgelben, dunkelgelb gefleckten Kronlappen. Frucht eine 5–10 mm lange, eiförmige Kapsel.
Blütezeit: IV–V
Standort: In feuchten Wiesen, Gebüschen, in Laub- und Mischwäldern.
Verbreitung: Weite Gebiete Europas.
Ähnliche Art: Frühlings-Schlüsselblume *(P. veris)*. Blüten dunkler, duftend, Kelch 10–15 mm lang, mit eiförmigen Zähnen, Krone vorne schüsselförmig; trockene Wiesen und Gebüsche.

Zottiger Klappertopf

Wissenschaftlicher Name: *Rhinanthus alectorolophus*
Familie: Braunwurzgewächse
Aussehen: Bis 80 cm hohe Pflanze mit langhaarigem Stengel. Blätter lanzettlich bis eiförmig, gekerbt-gesägt. Blüten in endständigen Ähren in den Achseln breit-dreieckiger, behaarter, kurzgezähnter Tragblätter. Krone 2 cm lang, mit wenig gebogener Röhre, gelb mit violettem Zahn an der Oberlippe; Kelch zottig behaart.
Blütezeit: V–VII

Standort: Trockene Rasen, trockene Mähwiesen.
Verbreitung: Fast ganz Europa.
Ähnliche Arten: Zahlreiche, nach Kelchbehaarung, Form und Größe der Blüten und der Tragblätter unterschiedene Arten. Am leichtesten zu unterscheiden sind der Grannen-Klappertopf *(R. aristatus)* mit fast kahlem Kelch und langgezähnten Tragblättern sowie der Kleine Klappertopf *(R. minor)* mit 13–15 mm langer, gerader Kronröhre.

Echtes Labkraut

Wissenschaftlicher Name: *Galium verum*
Familie: Rötegewächse
Aussehen: Bis 1 m hohe Pflanze. Stengel aufsteigend oder aufrecht, oben meist reich verzweigt mit aufrechtstehenden Zweigen. Blätter in Quirlen zu 8–12, linealisch, stachelspitzig, meist mit nach unten zurückgerolltem Rand, oberseits dunkelgrün, unterseits weißfilzig mit nur 1 Längsnerv. Blüten in Rispen; Kelch fehlt, Krone bis 3 mm breit, ausgebreitet, goldgelb, stark nach Honig duftend.

Blütezeit: V–IX
Standort: Trockene Wiesen, lichte Gebüsche und Wälder, Wegränder.
Verbreitung: Ganz Europa mit Ausnahme von Lappland und der arktischen Sowjetunion; Kleinasien, Persien, Syrien.
Ähnliche Art: Wirtgens Labkraut *(G. wirtgenii)*. Bis 2 mm breite Blätter, unterseits kahl; unterbrochener Blütenstand, geruchlose Blüten. Blütezeit V–VI, in Feuchtwiesen.

Arnika

Wissenschaftlicher Name: *Arnica montana*
Familie: Korbblütler
Aussehen: Bis 60 cm hohe, behaarte, drüsige, aromatisch riechende Pflanze. Stengel mit 1–3 gegenständigen Blattpaaren, übrige Blätter länglich verkehrteiförmig, ganzrandig, 5nervig, in grundständiger Rosette. Blütenköpfe einzeln oder zu dritt, seltener zu mehreren, endständig, bis 8 cm breit; Hüllschuppen in 1–3 Reihen, lanzettlich spitz, fast gleichlang; Zungen- und Scheibenblüten orange- bis dottergelb. Früchte 6–7 mm lang, behaart, mit 8 mm langen, rauhen, gelblichen Kelchborsten.
Blütezeit: VI–IX
Standort: Trockene Weiden, trockene Waldwiesen, auch Moore; nicht auf Kalk.
Verbreitung: Von Südskandinavien bis Portugal, Norditalien und bis zu den Karpaten; im Süden nur in den Bergen.

Kohldistel

Wissenschaftlicher Name: *Cirsium oleraceum*
Familie: Korbblütler
Aussehen: Bis 2 m hohe Pflanze, oben etwas spinnwebig behaart. Stengel aufsteigend oder aufrecht, meist stark verzweigt, ohne Stacheln. Blätter lanzettlich bis breitelliptisch, gezähnt bis fiederteilig mit gezähnten Abschnitten, weich, kaum stechend, die unteren bis 30 cm lang, gestielt, die oberen stengelumfassend. Köpfe am Ende des Stengels gedrängt, von bleichgrünen, breiteiförmigen, kaum stechenden Blättern eingehüllt. Hülle bräunlich, 1,5–2 cm lang; Blüten alle röhrenförmig, mit hellgelber Krone. Früchte mit Pappus aus fedrig behaarten Haarborsten.
Blütezeit: VI–VII (IX)
Standort: Feuchte Wiesen, auch Moore, Ufer, Gebüsche und Auwälder.
Verbreitung: Große Teile Europas; in Süd- und Mitteleuropa oft fehlend; Sibirien.

Wiesen-Pippau

Wissenschaftlicher Name: *Crepis biennis*
Familie: Korbblütler
Aussehen: Bis 120 cm hohe, meist kurz behaarte Pflanze. Blätter länglich bis lanzettlich, gezähnt bis grob fiederspaltig, die unteren gestielt, die oberen sitzend. Köpfe bis 3,5 cm breit; Hülle walzenförmig, dunkelgrün, mit Sternhaaren, gelegentlich auch mit schwarzen Drüsenborsten; äußere Hüllblätter viel kürzer als die inneren. Blüten kräftig gelb, alle zungenförmig. Früchte länglich, an der Spitze verschmälert, mit schneeweißen Kelchborsten.
Blütezeit: V–VIII (X)
Standort: Wiesen, Unkrautfluren, Wegränder.
Verbreitung: Fast ganz Europa.
Ähnliche Art: Kleinköpfiger Pippau *(C. capillaris)*. Untere Stengelblätter pfeilförmig stengelumfassend, Blütenköpfe nur 10–15 mm breit; ähnliche Standorte.

Orientalischer Bocksbart

Wissenschaftlicher Name: *Tragopogon orientalis*
Familie: Korbblütler
Aussehen: Bis 1 m hohe, kahle, wenig verzweigte Pflanze. Stengel unter den Blütenköpfchen kaum verdickt. Blätter kahl, halbstengelumfassend, schmallanzettlich, spitz, mit verbreitertem Grund sitzend. Köpfe blühend bis 6 cm Durchmesser, auf langen, nur schwach verdickten Stielen; Hülle bis 3 cm lang, aus 8 linealisch zugespitzten, gleichlangen Schuppen bestehend. Blüten dottergelb, deutlich länger als die Hülle, alle zungenförmig; Staubbeutel gelb, mit schwarzen Längsstreifen. Früchte bis 2 cm lang, kurz bestachelt, in einen Schnabel verschmälert. Kelchborsten gefiedert.
Blütezeit: V–VII (IX)
Standort: Gut gedüngte Wiesen, auch Wegränder.
Verbreitung: Fast ganz Europa; bis Sibirien, Persien.
Ähnliche Art: Wiesen-Bocksbart *(T. pratensis)*. Stengel unter den Blütenköpfen nicht verdickt, Blüten deutlich kürzer als die Hülle.

Gemeiner Löwenzahn

Wissenschaftlicher Name: *Taraxacum officinale*
Familie: Korbblütler
Aussehen: Bis 50 cm hohe, kahle oder schwach behaarte Pflanze mit einer rübenartigen, fleischigen Wurzel. Blätter grundständig, verkehrtlanzettlich, eingeschnitten mit breiten bis linealischen Abschnitten. Blütenköpfe einzeln an einem langen, blattlosen Stiel. Hülle aus äußeren kurzen, abstehenden und inneren längeren, schmalen, anliegenden Schuppen bestehend. Blüten alle zungenförmig; Zungen schmal, vorne 5zähnig. Früchte mit langem, dünnem Schnabel und zahlreichen weißen, gefiederten Kelchborsten, die als »Fallschirmchen« der Verbreitung durch den Wind dienen.
Blütezeit: IV–VI (XII)
Standort: Wiesen, Unkrautfluren, Schuttplätze.
Verbreitung: Zahlreiche, schwer zu unterscheidende Formen in ganz Europa und Westasien.

Feucht- und Fettwiese

Herbstzeitlose

Wissenschaftlicher Name: *Colchicum autumnale*
Familie: Liliengewächse
Aussehen: Bis 25 cm hohe, kahle Knollenpflanze. Blätter alle grundständig, länglich lanzettlich, ganzrandig, mit vielen parallelen Nerven, zusammen mit den eiförmigen oder länglichen Fruchtkapseln im Frühjahr erscheinend. Blüten lilarosa, bis 25 cm lang, zu 1–3 im Herbst ohne Blätter erscheinend, mit 6 trichterförmig abstehenden, elliptischen bis lanzettlichen, 4–6 cm langen Kronzipfeln; Kronblätter am Grund zu einer langen Röhre verwachsen; 3 freie Griffel mit herablaufenden Narben; Fruchtknoten unterirdisch, erst zur Reife im Frühjahr mit den Blättern über die Erde gehoben.
Blütezeit: VIII–XI
Standort: Feuchte Wiesen.
Verbreitung: West-, Mittel- und Teile von Südeuropa.
Wichtig: Die Herbstzeitlose ist tödlich giftig!

Breitblättriges Knabenkraut

Wissenschaftlicher Name: *Dactylorhiza majalis*
Familie: Orchideengewächse
Aussehen: Bis 50 cm hohe Pflanze. Blätter in der Mitte am breitesten, oberseits meist kräftig gefleckt, die größten höchstens viermal so lang wie breit. Blütenstand dicht. Blüten rot bis lilarot; 2 äußere Blütenblätter abstehend, ein äußeres und 2 innere helmartig genähert; Lippe 3lappig, breit keilförmig, in der Mitte heller mit dunkler Zeichnung; Sporn etwa so lang wie der Fruchtknoten, abwärts gerichtet. Tragblätter laubblattähnlich, so lang wie die Blüten oder länger, oft gerötet.
Blütezeit: V–VII
Standort: Flachmoore, Streu- und Sumpfwiesen.
Verbreitung: Europa mit Ausnahme des äußersten Nordens und Südens.
Ähnliche Art: Fleischrotes Knabenkraut *(D. incarnata)*. Blätter schmäler, vom Grund an gleichmäßig zugespitzt, ungefleckt; Blüten rot oder seltener gelb. An ähnlichen Standorten.

Schlangen-Knöterich

Wissenschaftlicher Name: *Polygonum bistorta*
Familie: Knöterichgewächse
Aussehen: Bis 1 m hohe, kahle Pflanze mit dickem, schlangenartig gewundenem Wurzelstock und kahlem, beblättertem Stengel. Grundblätter und untere Stengelblätter entfernt voneinander stehend, eiförmig bis lanzettlich, in einen langen, breiten Stiel auslaufend; obere Stengelblätter kleiner und schmäler, kurzgestielt bis sitzend; alle oberseits dunkel-, unterseits bläulichgrün. Blütenhülle nicht in Kelch und Krone gegliedert, ihre 5 Blätter sind rosa, selten weiß, in dichten, walzenförmigen Ähren.
Blütezeit: V–VIII
Standort: Kohldistelwiesen, auch an Bachufern und in Auwäldern.
Verbreitung: Große Teile Europas (im Süden nur in den Gebirgen); Nordasien, Alaska.
Ähnliche Art: Ampfer-Knöterich *(P. lapathifolium)*. Blütenhüllblätter rosa oder weiß; Feuchtwiesen, schlammige Ufer.

Kuckucks-Lichtnelke

Wissenschaftlicher Name: *Lychnis flos-cuculi*
Familie: Nelkengewächse
Aussehen: Bis 90 cm hohe, fast kahle Pflanze mit aufrechten, unter den Knoten klebrigem Stengel und grundständigen Blattrosetten. Grundblätter länglich-spatelig, kurzgestielt, oft gewimpert; Stengelblätter lineallanzettlich, sitzend, gegenständig. Blüten 5zählig, rispenartig angeordnet, kurzgestielt; Kronblätter rosarot, am Grund stielartig verschmälert, vorne tief 4spaltig, 15–25 mm lang, mit schmalen Zipfeln, am Schlundeingang mit zweiteiliger, 3 mm hoher Schuppe. Kelch röhrig, 6–9 mm lang, grün oder rosa mit 10 dunklen Rippen. Frucht eine Kapsel.
Blütezeit: V–VIII
Standort: Flachmoore, feuchte Wiesen, Auwälder.
Verbreitung: Fast ganz Europa, nördlich bis Island; Sibirien, Kaukasus.

Heide-Nelke

Wissenschaftlicher Name: *Dianthus deltoides*
Familie: Nelkengewächse
Aussehen: Bis 40 cm hohe, lockerrasig wachsende Pflanze. Stengel aufrecht, oben wenig verzweigt, kurzhaarig. Grundblätter schmalspatelig, stumpf, an blühenden Stengeln meist verwelkt; Stengelblätter spitz. Blüten einzeln an den Ästen, langgestielt, fünfteilig; Kronblätter genagelt, verbreiterter Teil 6–10 mm lang, purpur- bis violettrot, hell gepunktet, am Rand gezähnt; Kelch zylindrisch, 5zähnig, grün oder rötlich, am Grund mit 2 grünen, eiförmigen, in eine Granne zugespitzten Kelchschuppen.
Blütezeit: VI–IX
Standort: Trockene Rasen, Heidewiesen, trockene, lichte Wälder; hauptsächlich auf Sand, fehlt auf kalkhaltigen Böden.
Verbreitung: Fast ganz Europa; Westasien.

Großer Wiesenknopf/Pimpinelle

Wissenschaftlicher Name: *Sanguisorba officinalis*
Familie: Rosengewächse
Aussehen: Bis 90 cm hohe Pflanze mit im unteren Teil wenig beblättertem Stengel. Blätter gefiedert, mit grobgezähnten Blättchen; Grundblätter in Rosetten; Stengelblätter wechselständig, kleiner. Blüten braunrot, klein, in eiförmig-kugeligen Blütenständen; Kelch 4zählig, Krone fehlt, 4 Staubblätter. Frucht im Kelch eingeschlossen.
Blütezeit: VI–IX

Standort: Feuchte und wechselfeuchte Streu- und Goldhaferwiesen, Gräben, Wegränder.
Verbreitung: Von den nordspanischen Gebirgen durch ganz Europa bis Japan und China; im nordwestdeutschen Flachland weithin fehlend.
Ähnliche Art: Kleiner Wiesenknopf *(S. minor)*. In allen Teilen kleiner, grünliche bis rötliche Blütenköpfchen; bevorzugt Trockenwiesen.

Rot-Klee

Wissenschaftlicher Name: *Trifolium pratense*
Familie: Schmetterlingsblütler
Aussehen: Bis 50 cm hohe, anliegend oder abstehend behaarte Pflanze. Stengel meist verzweigt, beblättert. Blätter meist 3zählig; Blättchen verkehrteiförmig bis elliptisch, oft etwas ausgerandet, zumindest unterseits behaart, oberseits oft mit heller Zeichnung. Blüten in dichten, kugeligen, von den obersten Blättern umgebenen Köpfen, rot, in den Alpen auch weißlich. Krone 13–18 mm lang; Kelch 10nervig, röhrig-glockig. Frucht von Kelch und vertrockneter Blüte eingeschlossen.
Blütezeit: V–X
Standort: Mähwiesen, Weiden; besonders auf Kalk.
Verbreitung: Ganz Europa; Asien bis zum Altai; durch Anbau fast weltweit verbreitet.

Futter-Esparsette

Wissenschaftlicher Name: *Onobrychis viciifolia*
Familie: Schmetterlingsblütler
Aussehen: Bis 60 cm hohe Pflanze mit aufrechtem, beblättertem, zerstreut behaartem, meist verzweigtem Stengel. Blätter bis 15 cm lang, stengelständig, einfach gefiedert, die obersten scheinbar gegenständig; Blättchen elliptisch bis länglich, unterseits behaart; Nebenblätter groß, frei oder verwachsen. Blüten rosa bis kräftig rot, Kronblätter dunkel geadert, bis 15 mm lang, in vielblütigen, langgestielten Ähren. Frucht halbkreisförmig, bis 10 mm lang, mit netzartig hervortretenden Leisten, am Rand gezähnt.
Blütezeit: V–VII
Standort: Trockene Rasen, Mähwiesen, auch Wegränder; auf Kalk.
Verbreitung: In Europa allgemein angebaut und verwildert; stellenweise fehlend oder selten (Silikatgebirge, Norddeutschland).

Zaun-Wicke

Wissenschaftlicher Name: *Vicia sepium*
Familie: Schmetterlingsblütler
Aussehen: Bis 50 cm hohe, fast kahle Pflanze. Stengel aufrecht oder kletternd, meist verzweigt. Blätter einfach gefiedert mit 8–14 Teilblättchen, die untersten ohne, alle anderen mit schwach verzweigten Ranken; Blättchen bis 3 cm lang, breitelliptisch, am Rand und unterseits behaart. Nebenblätter groß, ganzrandig oder gezähnt, auf der Außenseite mit Nektardrüse. Blüten etwas nickend, rotviolett bis schmutzigblau, in sehr kurzen, bis 6blütigen, blattachselständigen Trauben; Krone bis 15 mm lang, Kelch asymmetrisch, die unteren Zähne länger als die oberen. Früchte bis 4 cm lang und bis 1 cm breit, flach, schwarz glänzend.
Blütezeit: V–VII
Standort: Mähwiesen, auch Gebüsche, Wälder.
Verbreitung: Fast ganz Europa; Asien.

Deutscher Enzian

Wissenschaftlicher Name: *Gentiana germanica*
Familie: Enziangewächse
Aussehen: Bis 50 cm hohe, kahle, oft reichverzweigte Pflanze. Grundblätter verkehrteiförmig, zur Blütezeit meist vertrocknet, Stengelblätter eiförmig, spitz. Blüten 5zählig, im Schlund bärtig, meist rotviolett, gelegentlich weiß. Kelch röhrig, der Krone anliegend; Kelchzipfel lanzettlich, am Rand glatt.
Blütezeit: V–X
Standort: Magere Wiesen, Weiden, Flachmoore.
Verbreitung: In mehreren sehr ähnlichen Sippen in Mitteleuropa und Skandinavien.
Ähnliche Arten: Rauher Enzian *(G. aspera)*. Kelchzipfel am Rand und entlang des Mittelnervs rauh gewimpert. Ostalpen; Fränkischer Jura. Feld-Enzian *(G. campestris)*, Blüten 4zählig, Kelch ungleichzipfelig; Nordeuropa bis hin zu den Pyrenäen, den Alpen und zum nördlichen Apennin.

Acker-Witwenblume

Wissenschaftlicher Name: *Knautia arvensis*
Familie: Kardengewächse
Aussehen: Bis 150 cm hohe, borstig behaarte Pflanze, zur Blütezeit mit sterilen Blattrosetten. Grundblätter unzerteilt bis leierförmig-fiederspaltig; Stengelblätter nur in der unteren Stengelhälfte, meist leierförmig-fiederspaltig. Blüten in einem bis 4 cm breiten, von Hüllblättern umgebenen Köpfchen zusammengefaßt; Krone der Einzelblüten lilablau, ungleichmäßig 4lappig, die der Randblüten größer. Kelch mit 8 gefiederten Borsten.
Blütezeit: V–IX
Standort: Wiesen, Trockenhänge, Feldraine, Äcker, auch Gebüsche.
Verbreitung: Fast ganz Europa; Westasien.
Ähnliche Art: Wald-Witwenblume *(K. sylvatica)*. Alle Blätter ungeteilt; in Wäldern, Hochstaudenfluren und Gebüschen.

Perücken-Flockenblume

Wissenschaftlicher Name: *Centaurea pseudophrygia*
Familie: Korbblütler
Aussehen: Bis 80 cm hohe, rauhhaarige Pflanze. Stengel meist verzweigt. Blätter unzerteilt, lanzettlich bis eiförmig, ganzrandig oder gezähnt, zugespitzt; mittlere und obere Stengelblätter am Grund gerundet oder stengelumfassend. Köpfchen einzeln an den Zweigenden, Hülle etwa 1,5–2 cm lang und mindestens ebenso breit, Hüllblätter mit langen, gefiederten, zurückgebogenen schwarzbraunen Anhängseln, die grünen Teile der Hüllblätter und die inneren Hüllblätter völlig verdeckt. Blüten rosarot bis purpurn, die äußeren vergrößert. Früchte 3–3,5 mm lang, mit kurzem Haarschopf.
Blütezeit: VII–IX
Standort: Wiesen, lichte Wälder.
Verbreitung: In einigen sehr ähnlichen Sippen von Skandinavien durch Mittel- und Osteuropa bis zur Balkanhalbinsel.

Wiesen-Flockenblume

Wissenschaftlicher Name: *Centaurea jacea*
Familie: Korbblütler
Aussehen: Bis 1,2 m hohe Pflanze. Stengel kantig, aufrecht, einfach oder über der Mitte verzweigt, grün bis weißfilzig, bis zu den Köpfen beblättert. Grundblätter eiförmig bis lanzettlich, ungeteilt bis buchtig-fiederspaltig; Stengelblätter sitzend, lanzettlich. Köpfe einzeln an den Zweigenden; Hülle blühender Köpfe etwa 1,5–2 cm lang und ebenso dick, Hüllblätter mit trockenhäutigem, braunem bis weißlichem, ungeteiltem bis zerschlitztem Anhängsel, die grünen Teile der Hüllblätter meist ganz von den Anhängseln verdeckt. Blüten purpurrot, röhrig, die äußeren vergrößert. Früchte etwa 3 mm lang, ohne Haarschopf.
Blütezeit: VI–X
Standort: Wiesen, Weiden, auch lichte Wälder.
Verbreitung: Ganz Europa; Nordasien, Armenien, Nordafrika.

Weiße Narzisse

Wissenschaftlicher Name: *Narcissus poeticus subsp. radiiflorus*
Familie: Amaryllisgewächse
Aussehen: Bis 50 cm hohe Pflanze mit zweischneidig zusammengedrücktem Stengel und grundständigen, grasartigen Blättern. Blüten meist einzeln, duftend, sechsteilig mit bis 5 cm langer, grünlicher Röhre, 6 ausgebreiteten, am Grund deutlich verschmälerten, sich dort nicht überdeckenden, schneeweißen Kronblättern und einem kurzen, gelben, rot gerandeten, bis 1 cm breiten »Krönchen«. Fruchtknoten unterständig; alle 6 Staubblätter ragen aus der Blütenröhre.
Blütezeit: IV–VI
Standort: Flachmoore, feuchte Mähwiesen, Gebüsche, lichte Wälder.
Verbreitung: In einigen sehr ähnlichen Sippen vor allem im Mittelmeergebiet, nördlich bis Frankreich und in die Alpen.

Aufgeblasenes Leimkraut

Wissenschaftlicher Name: *Silene vulgaris*
Familie: Nelkengewächse
Aussehen: Bis 60 cm hohe, meist kahle Pflanze. Stengel aufrecht, oben verzweigt, nicht klebrig. Blätter gegenständig, eiförmig bis schmallanzettlich, bis 10 cm lang. Blüten im allgemeinen zahlreich in lockeren Blütenständen; Kronblätter weiß bis schwachrosa, am Grund stielartig verschmälert, vorne tief 2lappig, Kelchblätter verwachsen, Kelch anfangs röhrenförmig, später auffallend erweitert (aufgeblasen), 20nervig, blaßgrün bis weißlichrosa, 3 Griffel. Frucht eine kugelige, im Kelch eingeschlossene Kapsel.
Blütezeit: V–IX
Standort: Mähwiesen, Hochstaudenfluren, lichte Wälder, Wegränder.
Verbreitung: In einigen sehr ähnlichen Sippen in ganz Europa; Asien, Nordafrika, Nordamerika.

Wiesen-Schaumkraut

Wissenschaftlicher Name: *Cardamine pratensis*
Familie: Kreuzblütler
Aussehen: Bis 30 cm hohe, fast vollständig kahle Pflanze. Grundblätter in Rosetten, gestielt, 3- bis 11zählig gefiedert, mit 4–14 rundlichen seitlichen Blättchen und etwas größerem, bis 1,5 cm breiten Endblättchen; Stengelblätter sitzend, kleiner und weniger zerteilt. Blüten 4zählig, bis 1 cm breit; Kelchblätter 2,8–4 mm lang, Kronblätter 8–13 mm lang; hellila oder weiß. Frucht eine schmale Schote, bis 4 cm lang, aber nur 1,5 mm breit.
Blütezeit: V–VII
Standort: Feuchte Wiesen, Gebüsche, Auwälder.
Verbreitung: Europa mit Ausnahme des äußersten Südens; Asien, Nordamerika.
Ähnliche Arten: Sumpfschaumkraut *(C. palustris)*. Kelchblätter länger, Blättchen der Stengelblätter gestielt. Hainschaumkraut *(C. nemorosa)*. Kronblätter kräftig rosa.

Weiß-Klee

Wissenschaftlicher Name: *Trifolium repens*
Familie: Schmetterlingsblütler
Aussehen: Rasig wachsende Pflanze mit niederliegenden, an den Knoten wurzelnden, wie Ausläufer wirkenden Stengeln. Blattstiele lang, scheinbar grundständig. Blätter 3zählig; Blättchen verkehrteiförmig, fein gezähnt. Blüten weiß, mit schwachem Honigduft, in oft langgestielten, kugeligen Köpfen, verblüht hellbraun, herabgebogen; Kelchröhre 10nervig, Krone 7–12 mm lang. Frucht von Kelch und vertrockneter Krone eingeschlossen.
Blütezeit: V–X
Standort: Mähwiesen, Weiden, Parkrasen.
Verbreitung: Ganz Europa; Nord- und Westasien.
Ähnliche Art: Bastard-Klee *(T. hybridum)*. Aufrechter Stengel, 5nervige Kelchröhre; in Fettwiesen, Parkrasen und an Wegrändern.

Große Sterndolde

Wissenschaftlicher Name: *Astrantia major*
Familie: Doldengewächse
Aussehen: Bis 1 m hohe, kräftige, kahle Pflanze. Stengel aufrecht, wenig beblättert, meist nur an der Spitze etwas verzweigt. Grundblätter langgestielt, meist fünfteilig, bis 20 cm im Durchmesser. Abschnitte oft etwas gelappt, am Rand gezähnt, nach unten keilförmig verschmälert. Mittelabschnitt fast völlig frei. Blüten unscheinbar, in einfachen Dolden; zahlreiche große, bis 3 cm lange Hüllblätter, weißlich bis rötlich, gezähnt, 3–5nervig, bis doppelt so lang wie Doldenstrahlen und Früchte. Kronblätter meist rötlich.
Blütezeit: VI–IX
Standort: Streuwiesen, Fettwiesen, auch Gebüsche, Waldränder; besonders in Berglagen auf Kalk.
Verbreitung: Von Nordspanien bis Weißrußland; stellenweise selten oder fehlend, so in Norddeutschland.

Wiesen-Kerbel

Wissenschaftlicher Name: *Anthriscus sylvestris*
Familie: Doldengewächse
Aussehen: Bis 150 cm hohe, aromatisch riechende Pflanze. Stengel verzweigt, kahl oder borstig behaart, ohne Flecken, unter den Blättern nicht verdreht. Blätter mehrfach gefiedert mit fiederteiligen Abschnitten, die unteren langgestielt, groß, die oberen kleiner und kürzergestielt oder sitzend. Blüten weiß, in zusammengesetzten Dolden; Blütenblätter kahl, Hüllblätter fehlend, Hüllchenblätter breitlanzettlich, plötzlich zugespitzt, mit breitem, gewimpertem Hautrand. Frùcht 6–10 mm lang, reif braun, lackartig glänzend, spindelförmig, ohne Rippen, mit kurzem, gefurchtem Schnabel.
Blütezeit: IV–VIII
Standort: Wiesen, Gebüsche, Waldränder.
Verbreitung: Ganz Europa, im Süden jedoch selten und nur in den Gebirgen; nördliches Asien, Nordafrika.

Wiesen-Bärenklau

Wissenschaftlicher Name: *Heracleum sphondylium*
Familie: Doldengewächse
Aussehen: Bis 2 m hohe, borstig behaarte, unangenehm riechende Pflanze. Stengel längsgestreift, unten etwa 2 cm dick, dicht borstenhaarig, meist verzweigt. Blätter gelappt bis gefiedert, die unteren langgestielt, groß, bis 50 cm lang und breit; Stengelblätter nach oben rasch kleiner werdend, sitzend, mit aufgeblasenen Blattscheiden. Blüten weiß, bis zu 25 cm Durchmesser; die Randblüten bis 1 cm lang, mit ungleichen Kronblättern; in zusammengesetzten Dolden; Hüllblätter fehlend, Hüllchenblätter zahlreich. Frucht eiförmig, flach, mit schmalem Flügelrand, meist kahl.
Blütezeit: VI–IX
Standort: Mähwiesen, Wegränder, Hochstaudenfluren.
Verbreitung: Fast ganz Europa.
Ähnliche Art: Engelwurz *(Angelica sylvestris)*. Blätter groß, zweifach gefiedert; feuchte Wiesen, Waldränder.

Wiesen-Kümmel

Wissenschaftlicher Name: *Carum carvi*
Familie: Doldengewächse
Aussehen: Bis 1 m hohe, kahle Pflanze. Stengel kantig gerieft, oft schon vom Grund an verzweigt. Blätter mehrfach gefiedert, länglich, mit schmalen Abschnitten; die unteren gestielt, mit scheidig erweitertem Stielgrund, die oberen auf den Scheiden sitzend; 1 Paar der Abschnitte bis zum Stengel herabgerückt. Dolden mit sehr ungleich langen Strahlen; Hüll- und Hüllchenblätter meist fehlend. Blüten weiß bis rötlich. Frucht länglich-elliptisch, die 2 Teilfrüchte etwas gebogen, braun mit weißlichen Rippen, zerrieben mit dem typischen Kümmelgeruch.
Blütezeit: V–VII
Standort: Mähwiesen, auch Almweiden, Wegränder.
Verbreitung: Fast ganz Europa mit Ausnahme des Mittelmeergebietes; große Teile Asiens, Nordafrika, Nordamerika, Neuseeland.

Gemeiner Augentrost

Wissenschaftlicher Name: *Euphrasia rostkoviana*
Familie: Braunwurzgewächse
Aussehen: Bis 30 cm hohe, flaumig behaarte und im oberen Teil drüsige Pflanze. Stengel meist im unteren Teil verzweigt. Blätter gegenständig, die unteren stumpf mit wenigen stumpfen Zähnen, die mittleren und oberen eiförmig, spitz, mit spitzen Zähnen. Blüten einzeln in den Achseln der oberen Blätter; Krone 8–14 mm lang, sich während der Blütezeit verlängernd und mit ihrer Röhre den Kelch überragend, weiß; Oberlippe violett, Unterlippe mit gelbem Fleck und dunklen Strichen. Frucht eine 4–6 mm lange, behaarte Kapsel.
Blütezeit: V–X
Standort: Magere, trockene Wiesen.
Verbreitung: Mitteleuropa, Südskandinavien, England, Norditalien, nördliche Balkanhalbinsel.
Ähnliche Art: Scheckiger Augentrost *(E. picta)*, nicht drüsig, sondern nur einfach behaart; in den Alpen.

Weißes Labkraut

Wissenschaftlicher Name: *Galium album*
Familie: Rötegewächse
Aussehen: Bis 150 cm hohe, meist kahle Pflanze mit unterirdischen Ausläufern. Stengel aufsteigend, schwach vierkantig, an den Knoten etwas verdickt, glatt, mit abstehenden Ästen. Blätter in Quirlen zu 4–8; schmal, einnervig, bis 3 cm lang, allmählich zugespitzt, ganzrandig. Blüten in Rispen; Kelch fehlt; Krone bis 4 mm breit, weiß bis rahmfarben, ihre 4 Kronblätter ausgebreitet, in eine fadenförmige Spitze verlängert.
Blütezeit: VI–X
Standort: Wiesen, auch Hecken, Waldränder.
Verbreitung: Weite Teile Europas; stellenweise selten.
Ähnliche Arten: Wiesen-Labkraut *(G. mollugo)*. Blätter mit breiter, plötzlich in ein kurzes Spitzchen verschmälerter Spitze. Waldmeister *(G. odoratum)*. Blätter zu 6–9 quirlständig, mit einem auffälligen Nerv.

Wiesen-Schafgarbe

Wissenschaftlicher Name: *Achillea millefolium*
Familie: Korbblütler
Aussehen: Bis 70 cm hohe, aromatisch duftende, locker wollhaarige Pflanze. Stengel aufrecht, reich beblättert, erst im Blütenstandbereich verzweigt. Blätter schmallanzettlich, mehrfach fiederspaltig, mit etwas schräg zur Achse gestellten Abschnitten 1. Ordnung. Endabschnitte lanzettlich, 0,5–1 mm breit, spitz. Köpfe klein, doldenähnlich angeordnet; Scheibenblüten röhrig, kurz 5zähnig, schmutzigweiß oder gelblich, Zungenblüten weiß oder rosa; zwischen den Blüten auf dem Köpfchenboden häutige Schuppen. Früchte 1,8–2 mm lang, am Rand seitlich kurzgeflügelt.
Blütezeit: VI–X
Standort: Alle Wiesen, auch Weg- und Waldränder, Felshänge.
Verbreitung: Ganz Europa, im Mittelmeergebiet selten.

Wiesen-Wucherblume/Margerite

Wissenschaftlicher Name: *Leucanthemum vulgare*
Familie: Korbblütler
Aussehen: Bis 1 m hohe, spärlich behaarte oder kahle Pflanze. Stengel aufrecht, einfach oder verzweigt. Grundblätter spatelig, langgestielt, am Rand gekerbt bis fast fiederteilig; Stengelblätter länglich, ganzrandig bis fiederteilig, die oberen sitzend. Köpfe bis 7 cm breit, einzeln am Ende des Stengels und der Zweige; Hüllschuppen grün, länglich, mit schwarzem, braunem oder farblos durchscheinendem Rand. Scheibenblüten gelb, Zungenblüten weiß, bis 3 cm lang. Früchte 2–4 mm lang, 10rippig, mit schwarzen Harzdrüsen, oben ohne oder mit undeutlichem, gezähntem Rand.
Blütezeit: V–IX
Standort: Magere Wiesen, auch lichte Wälder, Wegränder, Schuttplätze.
Verbreitung: Ganz Europa mit Ausnahme des höchsten Nordens.

Gänseblümchen

Wissenschaftlicher Name: *Bellis perennis*
Familie: Korbblütler
Aussehen: Bis 15 cm hohe, rasig wachsende, behaarte Pflanze. Blätter spatelförmig, gekerbt, gestielt, in dichter, grundständiger Rosette vereinigt, Stengel schaftartig, blattlos, einköpfig; Köpfchen 10–20 mm breit; Hülle halbkugelig, Hüllschuppen krautig, länglich, stumpf, fast gleich lang, in 2 Reihen angeordnet. Scheibenblüten zahlreich, röhrig, an der Spitze 5zähnig, gelb, Zungenblüten zahlreich, 0,5–1 mm breit, weiß, an der Spitze oft rötlich oder seltener ganz rot. Früchte klein, 1 mm lang, verkehrteiförmig, seitlich zusammengedrückt, glatt, ohne Pappus.
Blütezeit: VI–IX
Standort: In Wiesen, Rasen, an Wegrändern, Waldlichtungen.
Verbreitung: Ganz Europa; Kleinasien; vielerorts eingebürgert.

Spitz-Wegerich

Wissenschaftlicher Name: *Plantago lanceolata*
Familie: Wegerichgewächse
Aussehen: Bis 40 cm hohe, kahle oder schwachbehaarte Pflanze. Blätter alle grundständig, in Rosetten, schmallanzettlich, zum Grund verschmälert, aufrecht, mit 3–7 kräftigen Längsnerven. Blüten sehr klein, in zunächst kegeligen, bis 3 cm langen, später walzenförmigen, bis 6 cm langen, langgestielten Ähren, Stiel der Blütenähren aufrecht, länger als die Blätter, unter der Ähre mit 5–6 tiefen Rillen, anliegend behaart. Tragblätter spitz, länger als der Kelch; Kelch und Krone vierteilig; Kronzipfel bräunlich, kahl; Staubblätter lang herausragend. Frucht eine 3–3,5 mm lange, zweisamige Kapsel.
Blütezeit: IV–IX
Standort: Mähwiesen und Weiden, Äcker, auch Wegränder, Schuttplätze.
Verbreitung: Ganz Europa mit Ausnahme des äußersten Nordens; in vielen Ländern eingeschleppt, heute fast weltweit verbreitet.